中国文化知识读本

主编 金开诚

居庸关

编著 王忠强

吉林出版集团有限责任公司
吉林文史出版社

图书在版编目（CIP）数据

居庸关 / 王忠强编著 . —长春：吉林出版集团有
限责任公司：吉林文史出版社，2009.12（2022.1 重印）
（中国文化知识读本）
ISBN 978-7-5463-1277-4

Ⅰ.①居… Ⅱ.①王… Ⅲ.①长城－关隘－简介－昌
平区 Ⅳ.① K928.77

中国版本图书馆 CIP 数据核字（2009）第 223051 号

居庸关

JU YONG GUAN

主编/ 金开诚 编著/王忠强

责任编辑/曹恒　崔博华 责任校对/王新

装帧设计/曹恒　摄影/金诚　图片整理/董昕瑜

出版发行/吉林文史出版社 吉林出版集团有限责任公司

地址/长春市人民大街4646号　邮编/130021

电话/0431-86037503 传真/0431-86037589

印刷/三河市金兆印刷装订有限公司

版次/2009 年 12 月第 1 版 2022 年 1 月第 5 次印刷

开本/ 650mm×960mm 1/16

印张/8 字数/30千

书号/ISBN 978-7-5463-1277-4

定价/34.80元

关于《中国文化知识读本》

　　文化是一种社会现象，是人类物质文明和精神文明有机融合的产物；同时又是一种历史现象，是社会的历史沉积。当今世界，随着经济全球化进程的加快，人们也越来越重视本民族的文化。我们只有加强对本民族文化的继承和创新，才能更好地弘扬民族精神，增强民族凝聚力。历史经验告诉我们，任何一个民族要想屹立于世界民族之林，必须具有自尊、自信、自强的民族意识。文化是维系一个民族生存和发展的强大动力。一个民族的存在依赖文化，文化的解体就是一个民族的消亡。

　　随着我国综合国力的日益强大，广大民众对重塑民族自尊心和自豪感的愿望日益迫切。作为民族大家庭中的一员，将源远流长、博大精深的中国文化继承并传播给广大群众，特别是青年一代，是我们出版人义不容辞的责任。

　　《中国文化知识读本》是由吉林出版集团有限责任公司和吉林文史出版社组织国内知名专家学者编写的一套旨在传播中华五千年优秀传统文化，提高全民文化修养的大型知识读本。该书在深入挖掘和整理中华优秀传统文化成果的同时，结合社会发展，注入了时代精神。书中优美生动的文字、简明通俗的语言、图文并茂的形式，把中国文化中的物态文化、制度文化、行为文化、精神文化等知识要点全面展示给读者。点点滴滴的文化知识仿佛繁星，组成了灿烂辉煌的中国文化的天穹。

　　希望本书能为弘扬中华五千年优秀传统文化、增强各民族团结、构建社会主义和谐社会尽一份绵薄之力，也坚信我们的中华民族一定能够早日实现伟大复兴！

目录

一 居庸关概述

关沟一带有诸多名胜古迹，居庸关是其中之一

居庸关像一位饱经沧桑的战士，向过往的行人诉说着自己的过去，同时，又像一位仙女，向人们展示着自己的美丽超凡。居庸关位于北京市西北部，坐落在一条长约四十里的沟谷之中，这条沟谷就是著名的"关沟"，因为居庸关城设址于此，故而得名。无论在古代还是现代，关沟都是交通要道，它是北京通往宣化、大同、内蒙古等地的必经之路。此外，关沟两边高山耸立，峭壁陡不可攀，这种险要的地形地势，决定了居庸关的设关位置。居庸关是明代万里长城中久负盛名的雄关之一，它的整个关城位于

关沟的中部，东面连接着翠屏山，西面则是金柜山，南边是南口，北边则是闻名遐迩的八达岭长城。南北两座雄伟高大的城楼将关城的城墙连成一体，城楼上高高地挂着一块写有"天下第一雄关"的牌匾，关城就在关沟这种雄险的地势之中，扼控着南下北京的通道。古代的军事家也称这里是"控扼南北之古今巨防"。走进居庸关关城内，庙宇、署馆、亭坊、仓房等等层叠有形，错落有致，这是先人给我们留下的宝贵文物，它们见证了历史，而它们的遗迹也成为历史的缩影。山下城楼古色古香，古典之风浓郁，进入其中仿佛回到

城楼上高高地挂着一块写有"天下第一雄关"的牌匾

居庸关两旁及其附近层峦叠嶂，绿树成荫

了遥远的古代。居庸关两旁及其附近层峦叠嶂，绿树成荫，红叶似火，既古朴典雅又不失端庄大方，既雄伟奇险又美丽无限。

居庸关自古就是今天北京地区在西北方向的一道有着举足轻重作用的屏障。如果说八达岭是从西北方向进入北京的第一道门户的话，那么居庸关毋庸置疑就是那第二道门户。历史上的居庸关以险要著称，大有"一夫当关，万夫莫开"之势，历来都是兵家必争之地，所以自古以来历朝历代都将这里作为防守重地。据说当年李自成的起义军，就是因为闯

清乾隆皇帝曾亲笔题字"居庸叠翠"

开了这道雄关，才得以长驱直入打到北京城，类似的历史事件还有很多，因此在中国的历史上书写出了浓重的一笔。除了险峻，居庸关及云台等景观还以历史悠久、景色瑰丽而著称于世，历代文人墨客都在此留下了赞咏的诗篇，早在八百年前的金代，居庸关就凭借自身及其附近的秀丽景致获得了"燕京八景"的殊荣，被称为"居庸叠翠"。后来基于其深刻的文化内涵和优美的自然风光，居庸关在1961年被国务院公布为第一批全国重点文物保护单位，1982年，居庸关又以其重要的人文和自然景观价值，被划入八达岭——十三陵

居庸关

风景名胜保护区，成为其中重要的景点。1987 年联合国科教文组织将其列入世界人类文化遗产之列。

居庸关

二 居庸关的演变

居庸关东望

在漫长的历史发展过程中，居庸关作为重要的军事要塞，历代给予的重视程度都是相当高的。它从一个小小的关塞一步一步地发展成为一个至关重要的关口，随着朝代盛衰、战争形势以及总体军事部署的变化而变化，其中既有军事的原因，又有政治、经济乃至文化的因素。

（一）名称的由来

要了解居庸关，我们首先得知道它的名字是怎么得来的。关于居庸关名字的由来，历史记载有很多种说法，可以说是众说纷纭。古人们都倾向于认为这

孟姜女望京石

是从秦代开始的，相传秦始皇为了巩固历尽千辛万苦才促成的中原统一局面，在登基不久就开始征派数以万计的劳工，其中包括囚犯、士卒以及民夫来修筑长城，这中间还有一段流传千古、美丽凄惨的"孟姜女哭长城"的故事。秦始皇把征集过来的这些人全都集中安排在这个后来被称为"居庸关"的地方，居庸关就是从"徙居庸徒"来的。然而现代人更倾向于这么一种推断，根据《吕氏春秋》的记载，早在秦始皇统一六国之前，"居庸"一词在战国时期就已经存在了。那么，"居庸"之名到底是怎么产生的呢？据史料推断，"居庸"一名的形成，应当与远古历史上在这

人文初祖黄帝像

一带繁衍生息的氏族部落有很大的关联。这里要说的氏族部落就是传说中的屠氏部落与山戎部族。据历史记载，早在三四千年以前，轩辕黄帝曾经向蚩尤所率领的部众发起了一场凶猛异常的进攻，两军在河北涿鹿、阪泉一带的荒芜之地进行了一场决一生死的恶战，这场恶战的结果是蚩尤部落被打得落花流水，一败涂地，最终首领蚩尤也被杀掉了。黄帝随即对归顺的臣民进行了收治与整编，他将其分成两个部族。一个部族迁移到一个叫做"邹"的地方，另一个迁移到了一个叫做"屠"的地方。而与此同时，在这一带还活跃着一个部落氏族，那就是戎族，又叫山戎。殷周时期，曾被称为"鬼戎""犬戎"等等。前些年，考古人员在延庆发现的山戎族墓葬群，是他们曾经在这一带活动过的有力证据。"邹"，古音读"聚"，但由于年代久远，诸多氏族杂居，加之同音异字流传，此地便有了"居庸山"之名，后来又有了"居庸塞"。可见，"居庸"一词的出现，最迟应当出现在我国的春秋时期，距今至少有两千五百多年的历史了。然而在漫长的历史岁月中，居庸关虽然始终都是兵防重镇，但它的名称却被一改再改，比如说在三国时它被叫做"西

居庸关牌坊

居庸关的演变

关"，北齐时改成了"纳款关"，唐代最初称它为"蓟门关"，后来又被改作"军都关"。但自从辽代以后，金、元、明、清一直到今天，人们便始终称它为居庸关。现在所保存下来的关城，最初建造于明朝洪武元年（1368年），主要是由当时著名的两大将军徐达、副将军常遇春规划创建的，他们在完成此项巨大而又重要的工程时可谓是呕心沥血，不辞辛劳将当时整个关城建成圆周封闭形式，全长4142米，团状长城内既有供读书学习的泮宫和叠翠书院，也有供商贾行走

俯瞰居庸关

居庸关

的买卖街，既有专供参拜的城隍庙，也有特为迎驾皇帝到来的行宫。而在清末以后，这其中的大部分都逐渐荒废了。

（二）战争史

只要提到有关居庸关的历史，人们就会自然想到战争。的确，居庸关是古代历史上战争的产物。它是因为战争的原因而被建立并被保存下来的，所以我们就会用"历代兵家必争之地"、"一夫当关，万夫莫开"之类与战争有关的词语来形容它作为军事重镇的重要性。

雄伟的居庸关建筑

居庸关的演变

居庸关长城的地理
环境十分险要

1. 居庸关的地理位置

说到居庸关，我们不得不说它绝妙的地理位置，如果坐飞机从高空俯看的话，你就会发现，居庸关是在一条长长的峡谷之中的一道山梁上，这条峡谷被称为"关沟"。关沟是指从南口（亦称下关）到八达岭的那条山沟，长约二十公里（实际十八公里左右，但通常说四十里关沟）。这里在古代被称为军都陉（陉，山脉中断的地方、山口），太行八陉之一。其地理环境是高山耸立，层峦叠嶂，两边全是悬崖峭壁，中间峡谷夹峙，峡谷中有的地方水流湍急，有的地方蜿蜒曲折，真可谓奇、险、峻，

古代被称为战略要地。此陉也是古代从燕国出发经过晋国去往北边内蒙塞外的咽喉之路。而为何称之为"关沟"？原来，在这条大峡谷中关城林立，更是因为居庸关城设址于此而得名。从八达岭外的岔道城算起，一路要经过八达岭关城、水关、上关（现在只剩下遗址）、居庸关、南口关共五道关口。其中八达岭关城和水关处于长城线上，其余几关都属于关沟防御体系的纵深布置。也就是说，想从此处进入中原大地，简直是异想天开！因此，它曾经是明朝时期北京防卫体系的重中之重就显得不足为奇了。上关一带还是北京市的延庆县和昌平区的分界线，关沟的南口（即下关）属于我们国家地形的第三级阶梯沿海平原，海拔一百米，而到海拔约七百米的八达岭外，已进入了第二级阶梯——黄土高原，这也正是清朝詹天佑当年修京张铁路的难题之一。因此，行走在这关城林立的关沟之中，不就是走在高原与平原之间、太行与军都之间、延庆与昌平之间、历史与现实之间吗？仿佛是进入了仙境一般让人心中充满欢欣，充满幻想。

关沟的地形极为险要，大有"一夫当关，万夫莫开"之势。正是因为这里地势险峻，决定了它在军事上的重要地位。而作为首都北京或者说是中原大地

关沟地理位置十分重要

居庸关

的西北门户和屏障，以"绝险""天险"
著称的居庸关自然就显现出了其无可替代
的军事作用，它必将成为历代兵家必争之
地。所以居庸关发生过很多次载入史册的
战争。

居庸关为古代兵家必
争之地

2. 战国时期的居庸关战事

早在春秋战国时期，在燕国的西部，
盘踞着国力强大且气势凌人的秦国，它的
存在对燕国的安全来说绝对是一个潜在的
巨大威胁。因为从当时战国七雄之间你死
我活的争斗中，人们很容易就可以看出这
样一个事实：秦王嬴政为什么一直都觊觎
其他六国的土地呢？他的野心很大，他就
是想要统一六国，称霸中原！小小的燕国

居庸关长城

在面对这么一个强劲对手时，怎么会感觉不到害怕呢？经过深思熟虑，为了自身的安全，燕国国王在没有其他更好的办法的情况下，只得拨下大笔的金银，征派了大量的人员修建了易水长城，接着又修建了北长城。这个时候，居庸关是燕国在北方设立的一座要塞。因为燕国的北部与东胡接壤，当时的胡人又不老实，经常有事没事就来骚扰一下燕国的北部边境，同时少不了又干点顺手牵羊的事情。自从公元前663年"伐山戎之战"开始，双方就三天两头地打一仗，燕国从此以后就再也没有安宁过，所以只得利用险要的山川形势来加固长城。

秦始皇像

3.秦朝时的居庸关战事

秦王为了更快地统一六国，也利用险要的山川形势加固"居庸塞"，其目的显而易见是为了军事攻防。公元前221年，秦始皇经过处心积虑的谋划、英勇无畏的战争厮杀最终消灭了六国，建立起中国历史上第一个统一的专制集权的中央政府。中央集权的建立宣告了春秋战国时期诸侯割据称雄的混乱时代的结束。这在中国历史上绝对是一件了不起的大事。中国的历史也因此第一次出现了"皇帝"这样一种称谓，秦王嬴政称自己为"始皇帝"。然而就在秦始皇忙于同六国进行战争的时候，北方的匈奴也迅速地强大起来，特别是在秦始皇兼并赵国、燕国的过程中，没有时间去顾及北方的匈奴，他们就乘虚而入不断地南下。

在秦始皇统一中国之后，考虑到北方匈奴在未来可能带来的军事上的威胁，于是派遣大将军蒙恬率领三十万大军抗击匈奴，很快就把匈奴打退，并且还把他们向北面大漠进行驱逐。这一行为有力地打击了北方的少数民族，边境暂时得以安宁。在当时的情况下，军事装备和战斗武器都很落后，所有人都知道只要能够守住主要关口，一道长城就如一道巨型屏障可以把敌人远远地阻击在外，使他们根本就得不到靠近中原的机会。

秦始皇为抵御匈奴，修建长城

居庸关

所以为了充实收复的失地、巩固中央集权
国家的安全和中原地区人们生产生活的安
定，更是为了军事上更好地防范北方的匈
奴，秦始皇开始征派大量人员重新修筑长
城。他首先在原有的基础上先加固燕、赵
和秦北部的长城，在经历了无数个日日夜
夜的奋战，牺牲了无数人的性命的基础之
上，人们用血汗修筑起了一道西起临洮（今
甘肃岷县），东到辽东的蜿蜒盘旋、绵延
万里的长城。不过这条长城并不是我们今
天所见到的居庸关、八达岭一线的长城，
秦长城是在其北面的，在历史上"居庸"
地区的出现，和秦始皇大量移民用来开发
长城沿线、保证长城防御有关。西汉时期

金山岭破墙东望

居庸关的演变

的"居庸关"只是"居庸"与军都之间的一个关口，确切地说只是一个关塞而已。

4. 东汉时期的居庸关战事

直到东汉时期政府才开始在这里设立关城。1971 年在内蒙古自治区和林格尔县小板申村，人们发现了一座距今约一千八百多年的东汉墓，从墓中发现了刻在四壁、顶部以及甬道两侧的壁画，画面内容丰富，人物形象栩栩如生，并且还在多处都题了字。壁画中有一幅是描绘墓室主人由繁阳（今河南省境内）到宁城（今河北省万全县一带）任职时，

居庸关冬景

居庸关

居庸关城楼

经过居庸关时的情景。墓画显示出当时已
经建有关城，还详细地绘出了关内外过往
行人和车辆的生动场面，同时在画中还有
舟渡。这幅画很长，上面有平顶八字形的
桥梁，桥下河水湍急，墓主人的随从也很
多。水门下面题有"居庸关"三个字。这
是迄今发现的最早描述居庸关的画幅，它
对当时居庸关的交通状况作了比较真实的
描述。资料中的关于居庸关的描述让我们
知道，在汉代，居庸关不但已经出现，而
且已经是一个经济发达、闻名遐迩的重要
关城。在汉代元初五年，曾有鲜卑人攻打
居庸关，同汉朝守城大将进行了激烈的战

斗。

5.南北朝时的居庸关战事

南北朝时，人们把关城的建设中与整
个的长城连在一起，其军事要塞的地位进
一步得到增强。北魏孝昌年间（525—527
年）杜洛周起义军曾经将据守居庸关的都
督元谭赶出居庸关，占领了它。而在这一
时期，居庸关的规模不断扩大，它的扩大
不仅体现在在原来关塞的基础上修建了关
城，而且还体现为在居庸关的南口、北口
（八达岭）也修建了关城，这样就把中间
一段峡谷封闭了起来。这时居庸关的范围
指的是上、下关城和四十里长的关沟峡谷
的总和。从此，居庸关与长城相结合，成
为它的重要关口，成为长城防线的组成部
分。

**南北朝时期，居庸关的军事
要塞地位进一步得到增强**

10世纪初，我国由唐朝进入五代十国
时期，这就是我国历史上的辽、金、元时
期，北方的各个民族都在不断入侵中原，
而在此过程中他们又大多以沿边各关口如
山海关、居庸关、紫荆关等等作为突破口。
游牧民族的南下在中国历史上起到了进一
步促进多民族经济文化大融合的作用，而
作为重要关口的居庸关，就是这四百多年
间民族大融合的见证者。

辽金时期居庸关
发生许多战事

6. 两宋时期的居庸关战事

辽金两朝的灭亡与在居庸关发生的一系列战争有着密切的关系。辽在与唐宋王朝抗衡期间，双方曾经多次在居庸关展开血腥的激烈战争。如在唐天祐十四年，契丹人进攻幽州，幽州节度使周德成率领守城将士奋勇抗击，经过艰苦的还击，终于成功地把敌人阻击在关城之外，从而解除了都城的危难。辽代末年，金兵攻打居庸关时，辽国士兵依据地理优势，隐蔽在居庸关两边的悬崖下面，谁知突然间崖石崩塌，许多士兵被压死，辽国军队的士气因此受到极大的打击，而城外的金兵又虎视眈眈，守城主帅看到此种状况，自知败局已定，无心恋战，只得悄悄临阵脱逃，弃关出逃，守城的辽军发现主帅早已弃兵而去，就全部出城投降了。对金兵来说这是至关重要的一仗，它标志着进入中原的门户已经被打开，他们以虎狼之师迅速挥师南进，一路势如破竹，所向披靡，最后直取辽国都城燕京。

金代，燕京成为金国最大的城市，金人设立了很多的商品交易市场，他们与西方以及西北各民族进行贸易，他们的贸易物一般都是牲畜，战马等，而在这种商业

这里是重要关口居庸关的前哨，海拔高度1015米，地势险要

居庸关的演变

活动中，居庸关是作为活动进行的通道存在的。金朝后期，金兵占据居庸关，元兵曾经多次攻打该关，但都没有成功。金兵明白一旦居庸关被元军攻破，金国就面临着和辽国一样的命运，因此用重兵死守居庸关并加强了对该地的防御。嘉定二年（1209 年）元太祖亲自出马，率领大军再次进攻居庸关，金兵用铁水将几道关门封死，并且在关沟内外布满铁蒺藜，同时选派精兵防守。元兵久攻不下，最后便采用"声东击西"之计，留一部分人马屯守居庸关外，暗中把主力部队向西南转移，去进攻离居庸关不远的紫荆关，然后绕道涿、易二州由关

雄伟的居庸关长城

居庸关

里向外，两面夹击，最终才得以占领了居
庸关，随后元兵从居庸关一直打到了中都。
经历多次攻打居庸关，朝廷真正认识到了
居庸关的重要性。元世祖忽必烈即位后，
在 1267 年，重新修筑了新城——大都，
为了整肃关塞，对来往的行人进行收查，
他在今居庸关上关附近修筑了北大红门，
在居庸关关城北门一带修筑了南大红门。
这两处关防的主要作用是便于在早上开启
城门、晚上关闭城门，以加强防范与戒备。
1312 年，元朝廷在居庸关正式设立了龙镇
亲为军指挥使司，进一步加固了居庸关的
防守。元代，居庸关是大都（今北京）通

元太祖攻下居庸关，第
一件事就是加固关口

元朝皇帝来到居庸
关避暑，并修建园
林寺庙

往上都（今内蒙古自治区多伦）的交通
要道，起着重要的交通枢纽作用。伴随
着元代一系列基本防御体系设施的建立，
居庸关的建设达到了相对完善的地步。

7.元朝时期的居庸关战事

元代的皇帝一般都不太适应大都的
炎热，都习惯到北方去避暑，所以居庸
关成为皇帝来往大都与上都的必经之地。
作为皇帝专用通道，关沟峡谷四十里的
山道得到一定程度的修整；而作为行宫，
人们在居庸关内建造了花园、寺院和皇
帝住宿的地方。在这一时期，居庸关的

关沟风景区

经济、文化和建筑的发展出现了一个很大的飞跃，关沟也日渐繁荣起来了。元代时的居庸关已经有了一个规模宏大的建筑群，有过街塔，有气势宏伟的永明寺、穹碑、花园，还有像棋盘一样排列整齐的房舍和皇帝及随从人员居住的宫室建筑，这些建筑与峰峦、山川、树木互相辉映，形成皇家昔日盛极一时的地方。这一时期相对比较安定，居庸关在军事上的地位并不十分重要，但到了明朝，情况则大大地改变了。

8. 明朝时期的居庸关战事

历史的车轮永不停歇，它向我们诠释

着胜极必衰的道理。到了元朝末年，朱元璋率领军队也是以先攻打居庸关为前提，然后才得以直接攻取元朝的都城大都（今北京）。到了明朝，居庸关作为军事重镇，其建置更加完备。原因在于自朱元璋消灭了元朝之后，元顺帝虽然被驱逐出了大都，但仍想东山再起、卷土重来恢复元朝的统治。此时，东北的女真族也相继兴起。为了防御北方的骚扰和入侵，在这个非常时期，居庸关的防御作用就显得十分必要了，也更加重要了。

于是明朝初年朱元璋拨下巨款，派遣信国公徐达督办北长城的修建事宜。徐达，字天德，濠州（今安徽凤阳）人，祖辈都依靠农业为生。22岁投奔朱元璋，转战江淮，屡立战功。元至正二十七年八月，被朱元璋封为信国公。徐达是明朝的开国元勋，于洪武六年至八年、洪武十四年至十七年出镇北平。在此期间为阻止元朝残余部队向南侵扰，徐达特别重视燕山山脉的防御工程，倾注了大量的心血。收复大都时，他派傅友德、顾时等部将分别巡查和抢修古北各个关口。经过不懈的努力，明朝建立起东起

朱元璋时期，更注重长城加固工程

居庸关

鸭绿江、西抵嘉峪关、绵亘万里的长城防
线，同时进一步增强居庸关的军事防御功
能。这一次还为居庸关修筑建造了水陆两
道关门，南北关门之处都有瓮城。关城外
南北山险要的地方，还修筑有护城墩6座、

**明代居庸关防御体
系得到了加固**

烽燧 18 座等防御体系。明朝景泰年间又经历了持续不断的修葺和维护。现在南北关城券门上的匾额就是当年修居庸关的真迹。

　　洪武五年（1372 年），明朝军队分三路进行北征，主力军在土剌河遭受到严重的挫败。考虑到当时国内的政治形势和经济状况，明太祖朱元璋因此放弃了武力统一中原诸部的想法，继续实施政治上笼络争取的方略，同时在军事上推行战略防御。以此为转折点，北方地区开始大量地建设军镇、修筑城堡、建立卫所、修建关隘、设置墩台，继而便是旷日持久地营造万里长城。在明朝两

明代一直没有停止过对长城及关口的修筑

居庸关

百多年的历史中，一直没有停止对长城的
修筑和加强长城的防务。其工程之大、耗
资之巨，在中国历史上是独一无二的。居
庸关在这一历史时期也得到了大幅度发
展，是继元朝居庸关大规模发展后的第二
次辉煌，并达到了它的鼎盛时期。

明朝的统治末期，整个国家都处在风
雨飘摇、动荡不安的状态，官员贪污受贿，
胡作非为，搜刮民脂民膏更是肆无忌惮，
老百姓赋税沉重，苦不堪言，怨声载道却
无人诉说。明朝末年李自成率领的农民起
义军顺应民意，真可谓是一呼百应，风起
云涌，百姓更是揭竿而起，积极响应，蜂

居庸关长城

拥而至，一路上摧枯拉朽，攻破汾州，夺下太原，攻取宁武，攻克大同，宣府总兵姜瓖闻风丧胆，开城迎降。农民起义军乘势挥师东进，绕过八达岭外的岔道城，直接攻取柳沟城。进入峡谷后，一路人马沿河谷向西翻山越岭攻打居庸关，李自成亲自统率大军向南攻打德胜口。居庸关总兵唐通、监军杜之秩见起义军突然间到达关前，以为岔道城、八达岭、上关城三道防线都已经被起义军突破，于是他们不战自降。起义军攻克居庸关，而后得以进军北京城，明崇祯皇帝吊死于煤山，腐朽的明王朝统治就此结束。

9. 近代以来的居庸关战事

1937 年 8 月初，汤恩伯被任命为第 7 集团军前敌总指挥，负责指挥平绥路东段作战。第 13 军（辖第 4、第 89 师）布防于南口、居庸关、得胜口一线，担负正面防御任务。9 日，日军向南口正面发动进攻，第 89 师官兵凭借当地多山的环境阻击敌人，顽强抵抗，中日双方伤亡均惨重。14 日，第 94 师开至南口前线，置于第 89 师与第 84 师防地之间参战。至 16 日，南口、居庸关争夺战已经超过了一周的时间，日军仍毫无进展，于是避开正面，以第 5 师主力攻击我守军右翼横岭城、镇边城，企图从居庸关侧面进攻。汤恩伯命令第 4 师增援，日军以每路五千人的兵力，在飞机大炮掩护下，分三路向第 4 师阵地进攻，战况异常惨烈。25 日，日军猛攻横岭城、居庸关一线，并施放毒气，最终，南口失守。南口战役中国方面投入兵力六万余人，日军动用兵力约有七万，此次战役持续18 天，虽然我军伤亡惨重，但仍歼敌 1.5 万余人，极大地挫伤了日军的气焰，打碎了日军狂妄叫嚣的"三个月内占领中国"的企图。

透过居庸关发展的漫长历史，我们可以看出，随着时间的推移，居庸关经历了

居庸关在抗日战争中立下过汗马功劳

居庸关云台

出现——发展——发达——鼎盛——历史遗迹这几个过程，在这个过程中发生在居庸关内外的一系列战争都证明，作为军事要塞的居庸关是坚守在自己手中还是被别人占据，是关系到一个政权安危存亡的头等大事，其作用之大，是其他关塞所不能与之相比的。并且在辽金时期，居庸关不但具有军事防御的作用，还是南北经济往来的交会地，呈现出经济上和文化上新的繁荣。

三 居庸关的作用

居庸关城门

人们只要听到或者想到居庸关，就会很自然地想到居庸关作为军事重镇，在历史上曾经见证过的无数次的刀光剑影，无数次的兴衰荣辱，然而，其见证的并不都是战争战乱、皇帝的威严、龙行仪仗的隆奢、国家的荣辱兴衰，更见证了北方各民族之间经济、文化的交融和发展。

居庸关虽然离北京很近，但它大体上仍是一个分水岭，气候的分水岭，生产、生活方式的分水岭，由此也自然成为了文化上的分水岭，关内与塞外各民族间的交流是频繁的，而这种交流也造

居庸关长城

就了关城的繁荣。所以在这些刀光剑影背后确实存在着另外一幅截然不同的、我们不应该忽略的场景，那就是"民族文化交流的枢纽"，居庸关的这一身份可以和它作为要塞的角色相提并论。非战争时期，居庸关是一座构架关内和关外民族交流的枢纽，过往的车辆马匹多是商旅。

居庸关的枢纽作用源于春秋战国时期胡人对燕国的骚扰，到了秦朝，虽然说秦始皇的最初目的是为了抵御匈奴的南下，但是，在整个秦朝时期，匈奴人与汉人之间还是有沟通的，而居庸关是必经之路。

汉朝时期，政府在居庸关设立关城。

1972 年，在内蒙古和林格尔发掘出了一座汉代古墓，墓壁上有一幅居庸关的画面，从这幅画上我们可以看出当时关内外人来人往，车水马龙，一片繁荣景象。所以，在一千九百多年前的汉朝，关内外各方面的交流已是相当频繁了，各民族的交流促进了居庸关经济贸易、交通运输的发展。

在北齐时期，居庸关也曾被叫做"纳款关"，这证明，当时居庸关不仅在军事上，而且在经济贸易上也发挥着重要作用，而这也是民族交流融合的结果。

随着时间的推移，到了辽金两代，随着关外民族进入内地，居庸关成为南

各民族的交流促进了居庸关的经济贸易发展

居庸关

来北往的交会地，在经济文化上更加繁荣。
辽国比较重视农业发展，他们将大量的汉
人迁到长城以北，这样就使得中原地区的
生产工具和生产技术广为传播，促进了当
地经济的发展。当时，作为交通要塞和南
北交会之地的居庸关，在南京（今北京）
与西域、中亚等地进行的广泛经济文化交
流中，发挥着十分重要的作用。后来的金
国以燕京城（今北京）为中都，当时的燕
京成为金国最发达城市，金人设立大量的
贸易市场，和别的部族交换牲畜、战马等
物品，当时居庸关是这种商业活动的重要
通道。1272年，忽必烈迁都北京，1279年，
南宋最后灭亡，中国统一于元之下。从此，
元代的居庸关成为了皇帝经常通过的必经
之路，也成为他们途中的驻扎休息的地方。
作为御路，关沟峡谷二十公里的山路得到
一定程度的修整。在这一时期，居庸关的
经济、文化，出现了一个飞跃。作为行宫，
居庸关的建筑也有了一个空前的发展。当
时，居庸关内建有花园、寺院和皇帝住宿
的地方。由于塞外民族的进入，增强了彼
此间经济、文化、军事上的交流，互通有无，
取得了共同的发展。

　　因为战乱、自然灾害等诸多原因，居

关沟峡谷之上

居庸关关城

庸关曾经多次遭到破坏，又多次被修复。明代是万里长城修建的鼎盛时期，也是居庸关修建的鼎盛时期，其关城防御体系自北而南由岔道城、居庸外镇（即八达岭）、上关城、中关城（即居庸关城）、南口（即下关）五道防线组成，而居庸关则是指挥中心。负责关城守御的是隆庆卫，配有盔、甲、长枪、弓、箭等军械和火器。不仅关城建筑完备，还设有衙署、仓储、书馆、神机库、庙宇、儒学等各种相关设施，文化内涵极为深刻。

四 居庸关的气候

居庸关及其附近的风景也是历代文人墨客的赏析之处，无论是春夏秋冬，都有其各自特征，与附近其他风景相比也独具特色。有诗为证："燕南碧草还飞蝶，已见桑干带雪流。"长城以北，是海拔五百米左右的延庆盆地。由于气温的差异，居庸关以北比北京城的四季相差约半个多月。登上长城，可以看到"塞外关内两重天"的截然不同的风光。

居庸关的春天，仿佛是害羞的女孩，总是姗姗来迟。三月下旬的平均气温还在零下1℃左右，但一过四月中旬，气温却骤然回升，四月下旬的平均气温达12℃，点点绿意点缀在山岭陡坡之间，

春天来了，居庸关内外有了点点绿意

居庸关

居庸关长城山峦
起伏，山花遍野

使得古老的长城充满了生机。五月平均气温为16℃，这时，春风和煦，冷热适宜，转眼间千山盖绿，草长莺飞，春意盎然。

居庸关的夏天，虽然时常会骄阳似火，但不时会有清凉的山风徐徐吹来，使人顿时心旷神怡，暑气全消。到了盛夏时期，最高气温33℃左右，比北京城区低约5℃，但昼夜温差极大，三伏天夜里睡觉也离不开棉被。到了七至八月，就是居庸关地区的雨季了，这里的雨来得急，下得猛，但是去得也快。时常是天说变就变，一阵雷声滚滚，接着大雨倾盆，雨过之后，天高气爽，空气清新，一阵微风吹来还会

秋霜过后，居庸关长城两旁的黄栌叶、枫叶颜色绯红

伴有青草、野花及泥土的气息，并且常伴有蒸发雾、辐射雾的出现。这时候，云雾缥缈，长城浮现在云雾之端，如一条矫健的巨龙，腾云驾雾，时隐时现，奇美异常。九至十月，居庸关的秋天到了，秋风一吹送来了清爽的气息，平均气温约在 11℃—16℃ 之间，平均相对湿度 60% 左右，最为宜人。时常是微风拂面，天空高远，万里无云，空气清新，能见度高，放眼望去，可将长城风光尽收眼底，因此，这一时间是游览长城的最佳时机。一场秋霜之后，居庸关长城两旁的黄栌叶、枫叶、颜色绯红。观赏"红叶"要比香山早约半个月，十月一日左右，是旅游赏光的最佳时间。而在长城塞外，湛蓝的天底下，朵朵白云升腾浮游在山峦之间，层林尽染，万山红遍；此时关内却苍绿依然，使人对"塞上风光"留下强烈的印象。

　　居庸关处于北京西北主要风沙地带，冬季风天之多、风力之强为全市之首。风沙肆虐是居庸关的突出特点，全年风日可达二百八十天，8级以上大风几乎每年都要出现一次。遥想当年的守城士卒，在朔风凛冽中守卫是何等的艰辛，何等的悲壮，不禁让人肃然起敬。大风天登上长城，靠着外侧垛墙扶着栏杆缓缓行走的话，大约可减少风速68%。居庸关有"一场积雪赏

居庸关冬景

居庸关的气候

白雪皑皑，山
舞银蛇

一冬"之说，入冬一场大雪之后，山阴
沟谷，冰封雪冻可以长时间不融化。这
时登上长城远眺，千山万壑，白雪皑皑，
山舞银蛇，一片银装素裹，一派北国风
光，不仅让人联想起毛泽东的诗句："千
里冰封，万里雪飘，望长城内外，惟余
莽莽……"一片肃穆之气，使得长城、
云台轮廓格外清晰，更显出其博大雄壮
的迷人风采。

五　居庸关的景点

居庸关风景宜人，许多景点为世人敬仰，每年来这里的中外游客数不胜数。居庸关山峦重叠，花木苍郁，远望如碧波翠浪，景色优美。金代章宗所定的"燕京八景"之一"居庸叠翠"，就指这里。关城内，元代至正五年（1345年）所建的汉白玉石云台，现在是全国重点保护文物，从远处眺望，云台仿佛在祥云顶端一般，由此而得名。居庸关关城所在的关沟两旁，山势雄奇，中间有一条长达十八公里的峡谷，俗称"关沟"。这里清流萦绕，翠峰重叠，花木浓郁茂盛。山中百鸟争鸣，为北京西北一处胜境，

居庸关云台

居庸关

其附近自然景观也十分壮美。1982年，居庸关又以其重要的人文和自然景观价值，划入八达岭——十三陵风景名胜保护区，成为其中重要的景点。

居庸关得天独厚，有许多名胜古迹，最著名的自然首推八达岭长城。八达岭长城是举世闻名的万里长城中非常雄伟壮观的一段，长城墙身高大坚固，平均高达7.8米，上窄下宽，墙基宽约6.5米，顶部平均宽5.7米。墙基用整齐巨大的花岗岩条石铺成，每块重千斤以上。城墙上部包砌大城砖，里面充填土石。城墙顶部用方砖铺砌，整齐平坦，可以容纳五匹马并列行

八达岭长城

居庸关的景点

长城的制高点上设有
烽火台

走，或十行并进。城墙上两旁有矮墙，称女墙。内侧女墙是防跌的；外测女墙有垛口，上部小口供瞭望敌情，下部小口供射击。城墙上每隔300—500米就有一处敌楼或墙台，作巡逻放哨或攻战用。敌楼下层还可以住人或放武器，彼此互为犄角，可以交叉射击。在城墙里侧，每隔一段距离有券门，门内的石阶是守兵上下城墙的路径。尽管古代科技不发达，没有现代化的交通工具，但古人仍有自己的通讯方式，沿长城的制高点上设有烽火台，以传递警讯。一旦发现敌人，白天采用放烟的方式报警，夜晚则以点起大火的方式报警，把信息迅速传到指挥部门。以上这些设施构成一套完整的防御工事。这里的长城有两处高峰：北高峰和南高峰，最高点海拔约为一千米。登高远望，但见巨龙蜿蜒起伏于燕山群峰之上，连绵不绝。它从远方烟云深处奔舞而来，又朝天际飞腾而去，不见首尾。环顾脚下，官厅水库闪闪发光，向南眺望北京，天气晴好时可以看到楼群。山河壮丽，真乃伟观！

值得一提的是八达岭城堡东门外有一块大石叫"望京石"，天气晴朗时，

望京石

登石上南望，隐约可见北京城，夜晚能看到城里的灯火。据说 1900 年八国联军进攻北京时，慈禧太后携光绪帝逃往承德时经过此处，曾站在石上回望京都，唏嘘良久。这块石头也因此得名。在这个时候我们不得不提到一个人和他写的一本与居庸关有着密切联系的书，他就是清朝的龚自珍，那本书的名字叫《说居庸关》，龚自珍的这本书写于致使国家命运、民族命运逆转的鸦片战争爆发的前四年。龚自珍一向注重研究外敌入侵中华的历史，又精通史地学。在书中，龚自珍充分论证了国家的安危并不决定于地势是否险要，而在于各民族的团结和国力的强盛。联系这些大背景，读者可以更深切地认识到《说居庸关》所折射的

从关沟口，即南口向南望，隐约可见"二龙戏珠"之形

居安思危、警钟长鸣的思想光芒，确实是真知灼见，难能可贵！如若清政府能够真正地重视仁人志士的这种关心国家时局的思想和建议，那么中国的近代历史将会被改写，那么我们宁愿没有这块"望京石"。此外，从关沟口，即南口向南望，隐约可见"二龙戏珠"之形，也是一景。所谓二龙，指谷地两侧的大山，所戏之珠乃是南口镇旁两山尽处一个孤立的山丘。两山一丘，天造地设，相信龙的古人就把它看成"神祇"。古人曾称北京龙蟠虎踞，其缘由大概与此有关吧。至于那些与宋时杨家将有关的景点，

居庸关建筑群

如"六郎拴马桩""六郎影""穆桂英点将台""五郎像"等都是不能相信的，因为在杨家将叱咤风云的时代，北京已经被辽国占据了，那么试想一下，杨家将怎么可能不顾路途遥远到达这里抗击辽国的入侵呢？这些大概是因为后人太过爱慕英雄而有意假托和附会的吧。

（一）居庸关上的军事设施

1. 瓮城与南北关

南关瓮城的大致形状就像是一个马蹄，南关主城门呈南北走势，向上有重檐歇山城楼一座，自地面计算高 31.8 米，瓮

南关城楼

城西侧有瓮城城门通往关城向南的大道，在弧形瓮城城台上设有炮台，陈列着明代古灯，外墙有垛口，内墙低矮无垛口。作战时可将敌人诱入瓮城，再放瓮城闸门，主城关闭阻其入城，敌人就被困在瓮城里，只能束手就擒，有"瓮中捉鳖"之意，因此得名瓮城。在瓮城之中建有一座福佑关城的关王庙。北关与南关作用相同，呈长方形的瓮城上设有炮台，瓮城城门朝向北侧，北瓮城中建有北方镇守大神真武庙，庙内供有十二生肖神、水火神、八天将神和真武大帝神像。这些被供奉的神能给人心理上的安慰，让我们的城池更加固若金汤。

居庸关关城城楼上，赫然悬挂着"天下第一雄关"的巨匾

古炮陈展于八达岭关城内登城入口处的马道旁

居庸关的景点

明永乐铜火铳

2. 古炮

在居庸关南翁城和北瓮城的城墙上面分别陈列着五门大古炮。南瓮城陈列着"大将军铁炮"两门，长1.7米，炮口口径8厘米；"竹节铁炮"3门，长1.7米，炮口口径15厘米。北瓮城陈列"大将军铁炮"2门，长1.77米和1.79米，炮口口径7厘米；"竹节铁炮"3门，长为1.08米、1.5米、1.7米，炮口口径为14厘米和8厘米。

明代是我国古代大炮制铸和使用最为兴盛的时期。元朝末年，朱元璋起义时，和州人焦立向他呈献十支新式武器，当时被叫做"火铳"，这种新式武器可以借助火药来发射铁弹丸，当时称为"火龙枪"。明朝建立以后，朝廷专门设有兵仗军器局，用以研制铸造大炮。

在当时，大炮被称为"神威大将军"。在军队中，设有专门使用大炮的军机营。在当时看来，可以说是一支攻无不克战无不胜的高科技军队，所以京城卫戍、长城关口等重要关塞都配备神机营。

明成祖下令在长城沿线安置大炮，还装备了"佛郎机""神枪""铁铳"等在当时来说非常先进的武器。据《明史兵志》记载，到了明代中叶，大炮的铸造工业逐渐精良，制造出的"红夷大炮"长可二丈有余，重三千斤。一发炮弹足以将坚固的城墙打出一个缺口，声震

明代火铳

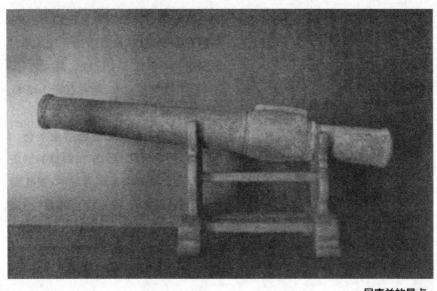

永丰仓近景

数十里，威力之大，可想而知。这种炮，还配备有照门和准星用于瞄准，射程可达五百多米。站在古炮旁边遥想当年，我们仍能感受得到它的神威。在修复居庸关北关城时，发掘出土石炮弹二十三枚，最大直径为 15 厘米，铁炮弹六枚，最大直径 5 厘米。

3. 仓储

居庸关现有的仓储包括永丰仓、丰裕仓等，都是明代囤积军用粮草的场所。旧时居庸关关城与水路河流相连，军用粮草都是由水路槽运到关城的，查收后，屯入仓储，最多时，仓储内要囤积一万四千兵马近一年的粮草。以永丰、丰裕两仓为中心，山前峪中

居庸关城隍庙

遍布粮仓，草场，借此防备敌军长时间围城阻断粮路。丰裕仓始建于明永乐元年（1403 年），是当时居庸关守军隆庆左卫的粮仓。此外还有永丰仓一座，圆仓三座。站在仓储之中，仿佛能感受到居庸关数万兵马在此补给的情形，那是何等的壮观！

（二）居庸关的庙宇祠堂

1. 城隍庙

城隍是道教所传守护城池的神。城隍庙建于明朝洪武年间（1368－1398 年），由于年代久远，破损厉害，于是清乾隆在 1765 年将其重修。新中国成立后，于 1997 年修葺完成，是目前居庸关最大的庙宇。

城隍庙的整个建筑样式为：正殿三间，寝殿三间，庙门三间，戏台（勾连搭形式）三间，上述建筑的屋面为黑琉璃瓦黄剪边。在它的东面和西面各有配殿三间，山神庙一间，土地庙一间，上述建筑屋面为黑琉璃瓦绿剪边。城隍庙是用砖头和木头建造而成的，正殿为起脊歇山形式，配殿和庙门为硬山形式，彩画为旋子大点金形式。城隍庙的总建筑面积为538平方米。城隍庙殿内陈设为：正殿正中央的主神台上放有一尊"居庸关都城隍"，这尊像有三米高。在城隍的两侧各有一尊仕女，而在城隍的身前两侧一边是一位文臣，另一边是一位

居庸关城隍庙

居庸关

武将。在正殿的两山神台上面放置有以坐姿形象出现的四名判官，他们分别是掌刑判官、掌生死判官、掌善判官、掌恶判官。两山分别放有以站姿形象出现的书记官两名。在四个山墙角，放置的是以站姿出现的"牛头""马面""黑无常""白无常"。正殿的内墙壁上面绘有壁画，它们是"十善图""禹门图""十八司""双龙图""皂隶图"，正殿里面挂了四块匾额。城隍头顶，是以一块书写着"浩然正气"四个大字的匾额。正殿的门头上挂了一块写有"城隍殿"三个字的斗字匾，寝殿中房站着身穿便装的城隍和城隍夫人，两侧分别为卧房和书房。两配殿为"阎王殿"，塑有十殿

居庸关城隍殿

居庸关的景点

阎王，配殿内墙壁绘有"龙图"和"十八层地狱图"。山神庙塑山神和山神夫人，土地庙塑土地神和土地夫人，两庙内绘有"二十四孝"壁画和两幅"山水"壁画。庙门内，塑马将军像一尊、白龙马一匹、轿夫两尊。庙门内安置轿子一顶，墙面绘"城隍出巡图"和"回銮图"两幅，庙门外安放石狮一对。

城隍最初起源于古代的水墉（沟渠神），是道教所传守护城池的神。中国古代称有水的城堑为"池"，无水的城堑为"隍"。据说三千多年前的周代，除夕要祭祀八种神，其中就有城神、隍神，以后两神合二为一，就成为城池之

城隍神

居庸关

神了。城隍神最开始是城墙护城河神化了的产物，它们是自然神。然而伴随着城市的建立和发展，城隍神逐渐演化成社会神。道教认为城隍是剪恶除凶、护城安民之神，能满足人类的需求，天气大旱时祈求它上天就会降雨，而当洪涝发大水时天就及时转变成晴天，这样城隍就成全了人类祈求五谷丰登、安居乐业的美好而又善良的愿望。

人们祭拜城隍爷
起始于 4300 年前

城隍神原型在中国的出现最早可追溯到距今五六千年的新石器时代晚期。而建造城隍神庙最早是从三国东吴开始的，当时他们是被建造在安徽的芜湖一带，以供人们前来拜祭。到了唐代，祭祀城隍的活动变得越来越普遍了。人们根据自己的心理需求，对于一些在地方上曾经做出过巨大贡献的开明人士，在他们死了之后将其供奉为城隍神，希望他们能在天上继续福佑乡土，保护百姓。宋代祭祀城隍更是遍行全国各地。明代由于朱元璋封天下城隍的大肆举动和越来越完善的祭祀城隍制度，上至达官贵人、皇亲国戚，下到黎民百姓都纷纷涌向城隍，对城隍的信仰达到了鼎盛时期。

明太祖朱元璋登上皇位不久，就下令

在都城南京大规模地修建宏大的城隍庙，并且颁布城隍神的封号爵级，敕封京城城隍为帝；开封临濠等地的城隍为王；府级城隍为威灵公，相当于官位二品；州级城隍为显佑伯，官居四品，并按照级别，配制服饰。另外，城隍还管领亡魂。朱元璋还为城隍组织了一套机构，设有判官和衙役，道教乘机声称"城隍老爷"有权拘捕活人到阴间，死人的阴魂也都首先到城隍庙去接受审问，最后才得以进入天堂或者地狱。每月的初一、十五人们都是成群结队地入庙进香以求得全家平安、五谷丰登；新官上任要向城隍

城隍爷像

居庸关

报到以求得平步青云，官运亨通；城隍、城隍夫人过生日时，人们就在那演戏祝寿；清明、七月半、十月人们会抬着城隍木像出城巡逻，场面很是壮观。每次祭祀活动来参加的人都是非常多的（尤其是"三巡会""城隍诞会""求雨求晴"）。明代以后的城隍庙，多是模仿人间官署衙门的样式而建，庙则多神杂居以满足人们不同的心理需求。

在今天看来，朱元璋如此重视城隍神是有他的目的的。据史料记载，朱元璋曾经对大学士宋濂透露过心里话："我立城隍神，就是让天下黎民百姓有畏惧心理，

城隍庙内景

居庸关的景点

关帝庙影壁

百姓有了畏惧心理就不敢胡作非为了。"说穿了，朱元璋大肆鼓吹神鬼的威力，不过是威吓震慑他的臣民，目的仍然是巩固他的江山、巩固封建统治。在这里建置城隍庙除为了护佑关城外，还有约束军民的用意。

2. 关帝庙

关帝庙始建于明朝正德年间（1506—1521年），位于居庸关西山北侧，建筑面积172.7平方米。由正德皇帝敕建，它是供奉三国蜀汉大将关羽神灵的庙宇。关圣帝君，姓关名羽，字云长，简称"关帝"，俗称"关公"，河东解县（今山西临猗西南）人。关羽出生于东汉末年，为人英勇绝伦，与刘备、张飞桃园结义后，追随刘备为蜀国建立立下汗马功劳，生前以"忠、义、仁、勇"著称，死后被老百姓神化，成为封建时代忠臣勇将的典型。宋朝进封至"王"，明朝万历十年（1582年）被封为"协天大帝"，明朝万历三十三年（1605年）则改封为"三界伏魔大帝神威远镇天尊关圣帝君"，是古代儒、释、道三大教系共同供奉之神；关帝被列为国家重要祀典。关羽成了"忠义刚烈，忠勇神武"的化身，他被人们视为武神、财神、商贾的保护神，人遇有争执时，求他明见决断，旱时人们向他求雨，同时他又被视为驱逐恶鬼凶神的最有力者。在清代，香烛业、

关帝庙

居庸关的景点

关帝庙内供奉
的神像

剃头匠以及职业军士等奉关羽为行业神。

关帝庙建筑格局为坐西面东，庙门为南北向，正殿三间。歇山起脊形式，左、右配殿各三间，庙门一间，砖仿木建筑，檐、飞子等用砖砍磨而成硬山形式，全部为砖木结构。黑琉璃瓦黄剪边，旋子大点金彩画。受地势影响，关帝庙有两进台阶。台阶两侧安置拦板，望柱。庙后靠山砌半圆形院墙。庙内的主要塑像分别为关帝、胡氏夫人，关羽的父亲、祖父和曾祖父以及黄忠、马超、赵云、张飞等三国蜀汉名将。关帝庙正殿中央是一尊以坐姿形象出现的泥塑关帝神像，

此泥塑神像高 2.5 米，神像脸用金箔包裹，神像两侧柱子上绘有两条金龙，神像前是两尊以站姿形象出现的泥塑周仓、关平。殿内悬挂一块写有"万世人极"的匾额，墙壁上绘有"三英战吕布""水淹七军""单刀赴会""千里走单骑"的壁画。南配殿，神台上放置有关羽夫人、胡氏夫人座像和两名侍女，绘有"教子""侍奉公婆"壁画。关帝庙院内安置有铁宝鼎一个，青龙偃月刀一口，该刀重八十公斤。明朝初年建造北京城时，人们就在各瓮城里同时建造了关帝庙，希望神和城一起福国佑民。居庸关内建有关王庙、关帝庙，是用封建礼教

来约束守关将士要像关羽那样忠、义、仁、勇，同时也寓意有关羽在此镇守，关城坚固，不易攻破。1997 年修葺完成。

3. 马神庙

马神庙（1996 年修复）这组小巧的庙宇是供奉马神的，明朝弘治十七年（1504 年）修建，清乾隆五十七年（1792 年）重修。因为在古代生产力不发达的状况下，马匹是主要的交通工具，而在战争打仗时则更加需要战马，人们供奉马神，是为了祈求马的康健、繁衍旺盛、有战斗力。隋、唐、宋、辽，历代都有官方祭祀马神的制度。明太祖朱元璋命祭马祖诸神，在南京特命太仆寺主持祭

北京居庸关长城的马神庙

居庸关

居庸关城楼

祀活动，这一行为更显现出君王对作为战争工具的马匹的重视程度。由于年代久远，再加上人为和自然力的破坏，马神庙已经坍塌毁坏，如今重新修建后的马神庙供奉的有马祖、马王和水神、草神等神像。进入马神庙，首先看到的是在正殿正中有一尊泥塑的以坐姿出现的马神像，神像坐在一匹战马之上。马神两侧有泥塑的水神和草神，马神前有泥塑的两侍卫。南配殿有泥塑的以站立姿势出现的马王三尊，分别是"金日蝉""殷郊""房星"。北配殿有泥塑的以坐姿出现的"马社""马牧""马步"三神。马神庙墙壁绘有"抛线图""赐草医病图""晒袍图""降龙伏波图""饲马和牧马图""天马行空""龙马驮书"等壁画。

4. 吕祖庙

吕祖庙

吕祖庙位于居庸关翠屏山上，坐东面西，始建年代不详，为古代道教庙宇。吕祖庙于1994年被重新修复。吕祖庙规模较小，仅为一间，建筑面积31.7平方米。屋面为黑琉璃瓦黄剪边，庙内供奉吕洞宾。在民间，吕洞宾是一位与观音菩萨、关公一样妇孺皆知、香火占尽的人物，他们合称"三大神明"。唐宋以来，他与铁拐李、汉钟离、蓝采和、张果老、何仙姑、韩湘子、曹国舅并称为"八洞神仙"。在山西民间信仰中，他是八仙中最著名、民间传说最多的一位，也称吕祖、吕帝、孚佑帝君。百姓们把他供为剑仙、酒仙和诗仙。

吕洞宾，原名吕岩，字洞宾，道号纯阳子，故乡在河中府永乐镇（今山西芮城县，现芮城县有纪念吕洞宾的道观——永乐宫）。他出生于世代官宦之家，祖辈都做过隋唐官吏，吕洞宾自幼熟读经史，有人说他曾在唐宝历元年（825年）中了进士，当过地方官吏。后来，他因

吕洞宾像

厌倦兵起民变的混乱时世，抛弃人间功名富贵，和妻子一起来到中条山上的九峰山修行。他和妻子各居一洞，相对可望，遂改名为吕洞宾；"吕"，指他们夫妇两口，两口为吕；"洞"，是居住的山洞；"宾"，即告诉人们自己是山洞里的宾客。他在弃官出走之前广施恩惠，将万贯家财散发给贫民，为百姓办了许多好事。民间传说他在修炼过程中，巧遇仙人钟离权，拜之为师。修仙成功之后，下山云游四方，为百姓解除疾病，从不要任何报酬。吕洞宾一生乐善好施，扶危济困，深得老百姓敬仰。他死后，家乡百姓为了纪念他，为他修建了"吕公祠"。到了金代，因吕洞宾信奉道教，于是将"祠"改成了"观"。元、明两

居庸关券域
云台石刻

代封建帝王封他为纯阳帝君。元朝初年，忽必烈知道吕洞宾信奉的道教在群众中颇为流传，就想利用宗教和吕洞宾的声望巩固自己的统治，遂派国师丘处机管领道教，拆毁"吕公观"，大兴土木，修建了"永乐官"。从修建大殿到绘制完成几座殿堂的壁画，历时一百一十年，几乎与整个元朝共始终。

5. 真武庙

真武庙是明朝洪熙元年（1425年）所建。位于居庸关北券城内。真武庙所供奉的主神为真武大帝。真武即玄武，是中国古代神话中的北方之神，道教所奉的神。相传古净乐国王的太子天生神勇威猛，跨越东海游历天下，偶遇天神，赐予宝剑，随后在湖北武当山修炼，历经四十二年才得以成功，幻化成仙，威镇北方，号玄武君。宋代皇帝因为避讳其祖赵玄朗名字，改玄武为"真武"。宋真宗时尊为"镇天真武灵应圣帝君"，简称"真武帝君"。元朝时加封真武为"元圣仁威玄天上帝"，成为北方最高神。明代对真武的信仰达到鼎盛，燕王朱棣称帝后，特加封真武为"北极镇天真武玄天上帝"，并将其所谓修炼之地——武当山赐名"大岳太和山"。相传，洪武初年大将军徐达北征"屡有真武灵助之"，因而在居庸关关内修建此庙。真武庙建

真武庙内供奉的几大元帅

居庸关

筑规制为正殿三间，东西配殿各三间，庙门三间，建筑面积 228.4 平方米。正殿屋面为蓝琉璃瓦黄剪边，配殿和山门屋面为黑琉璃瓦黄剪边。整个建筑为砖木结构，正殿为歇山起脊式，彩画为旋子大点金样式。修复的庙内有道教真武神八大元帅、六丁六甲神将、水火二将和青龙、白虎等神像。

6. 关王庙

位于居庸关南券城内，修建于明代正统年间（1436—1449 年）。于 1997 年修葺。关王庙大门是朝向北方的，共计三间，为绿琉璃屋面，歇山起脊砖木结构，建筑

瓮城内的关王庙

居庸关的景点

面积为 77.5 平方米。关王庙内有泥塑的关王像、周仓和关平像，两边还有马超、黄忠、张飞、赵云以坐姿出现的塑像。关王庙有一副对联，上联为"桃园结义同生死"，下联为"赤胆忠心扶汉室"。这是后人纪念关羽、希望其能保佑一方平安的美好愿望，也希望像他们一样兄弟情深，和睦抗外。

7. 表忠祠

建于明弘治年间（1488—1505 年）。位于关内西南侧，建筑面积 159 平方米。有正殿三间，左右配殿各三间，大门一座，它们均为布瓦屋面起脊样式。表忠祠是

瓮城内的关王庙

为纪念明朝副都御史罗通而建。罗通字学古，江西吉水人。明朝正统十四年（1449年），罗通奉皇帝之命镇守居庸关。同年十月蒙古族瓦剌部三万余人攻打居庸关，形势十分危急，罗通不顾个人安危，身先士卒，冒着生命危险带领守城士兵誓死据守着居庸关。不幸的是，虽然他们都豁出性命了，关城西南城墙还是被敌军攻破了，罗通一看形势严峻，容不得半点马虎，当即心生一计，命令士兵用布帐把被攻破的城墙团团围了起来，然后把冰凉的水浇在布帐上面，在寒冷的天气里布帐很快就结了冰，因此才得以阻止了敌军的进入。此

人们一般在春秋两季
来到表忠祠进行祭祀

战之后敌军又连续死命攻打居庸关七日，但都没能取胜。无奈之下敌人只得又转身进攻紫荆关，为了不留祸患，一举歼敌，罗通率领将士们乘胜追击，结果敌军被打得溃不成军，狼狈北逃。以此得以保住居庸关，同时首都也得以保全，安然无恙。因为抵抗敌军有功，罗通被提拔为右都御史加太子少保并得到皇帝的敕奖。弘治年间耆老潘昭明向皇帝上书请求为罗通建造一座祠堂以表彰他的忠诚，此后不久就为他修建了表忠祠，人们一般在春秋两季进行祭祀。

表忠祠正殿有以坐姿出现的罗通和

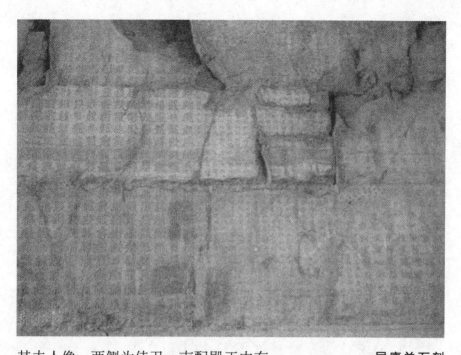

居庸关石刻
文字

其夫人像，两侧为侍卫。南配殿正中有一
尊用泥塑造的张钦像。张钦明代顺天府通
州人，当时是贵州道监察御史。正德十二
年（1517 年）他视察居庸关，当年八月，
武宗皇帝打算出居庸关去狩猎，张钦为了
保护皇帝的安全，冒着被杀头的危险关闭
关门阻止皇帝出关北上，并连续三次向皇
帝陈述阻止皇上出关狩猎的理由。张钦对
皇上忠心，武宗皇帝听从忠谏，君仁臣直
成为美谈。张钦后来被提拔当了大官，当
时叫做工部右侍郎。北配殿有一尊以坐姿
出现的孙玺像。孙玺是隆庆卫指挥同知，
后辈提拔为都指挥佥事，分守居庸关。正

国计坊

德十三年，武宗皇帝欲出居庸关狩猎，为保皇上安全，孙玺闭关阻止皇上北上，且叩马进谏，忠爱敢言，君子取之。

（三）居庸关的其他人文景观

1.国计坊

国计坊是由居庸关的南关进入长城的第一座牌坊，取名"国计"是指国人大计所在，古时建造这样的牌坊，意思是在警示天下居庸关是抗拒北方游牧民族的重要屏障，也是包围南方都城的重要关口，是国事军务的重中之重，国人大计之所在，同时也是居庸关关城重要性的象征建筑。从这个牌坊的建造，我们就能够了解居庸关当时在抵御外敌方面所起到的重要作用。

2. 迎恩坊

迎恩坊是建在关城南门外不远处的一座牌坊，四柱三楼。黑琉璃瓦面，柱子用花岗岩石制成，彩画成铁红色。在其旁建有一座凉亭，与牌坊成为一体。取名"迎恩"是指每一次守关将士作战胜利之后，战绩都会上报朝廷，皇帝会派遣使者，带着奖赏的圣旨和金钱酒肉到关城慰问战士，以示奖励，守关大将要在此地摆设香案供桌迎接圣旨和传圣旨官，牌坊因此得名。

3. 书院

位于泰安寺后，建于嘉靖二十年（1514年）。监察御史肖祥曜巡访居庸关时，看见贡士孙汝贤带领着他的学生正在泰安寺僧舍"学业其中"，苦苦诵览，便命居庸分守在寺后修建房舍，共十六间，当中为"聚乐堂"，为师生研习讲读的地方，其余则作为师生宿舍。由于房舍面对关城东侧的叠翠峰，所以便取名叠翠书院。

叠翠书院是供守关将士子弟读书的地方，由于明朝施行兵甲世袭制，因此书院

叠翠书院（现居庸关长城博物馆）

居庸关的景点

以传援兵法为主，以供学子们将来继承父兄在军中的职务。

4. 观景凉台

位于居庸关南侧，金柜山关帝庙下，紧挨圆仓，该亭建筑面积 141 平方米，为居庸关目前最大的亭子。"半山亭"为重檐歇山形式，绿琉璃瓦，黄剪边，做苏式彩画，主要作用是观景纳凉。凉亭建在观赏关城景色的最佳位置，并且配有走廊，外有琉璃瓦，金碧辉煌，内有能工巧匠绘制的精美彩画，其彩画内容除湖光山色、龙云呈祥以外，多为古代名著故事，如三国演义、封神演义、东游记、西游记等等，是游人夏日避暑

暮色中的居庸关

居庸关

与中秋赏月的理想去处。

5. 水门

居庸关地形险要，两侧峰峦叠嶂，在山石嶙峋中间有一条水道，它以南北方向贯穿整个关城。在居庸关长城与河道交叉的地方，人们修建了一座带有双孔且呈圆拱样式的水门，水门上面有一座闸楼，它里面配置有一个水闸，人们设计这个水闸的目的是想借助它来控制门内外的流水量。当洪水季节到来的时候，人们就把水门的闸口打开，以便把可能会引起洪涝的多余水量流泻出去；而在枯水季节，先前储备的河水就可以满足关城内部对水的基本需求量。整个看去，水门的桥墩呈现南

居庸关长城水门闸楼

庙门口对着戏台

北尖状，这样设计的目的是为了减少泄洪时洪水对水门的冲击力，起到了既防止水门被毁坏又能延长其使用时间的作用。看到这样一个设计合理而又实用方便的水门在古人智慧的双手下成为现实，并且无声地为人类排忧解难，令今人感慨古人的智慧，感慨古人的高瞻远瞩！

6. 戏台

戏台修建在居庸关城隍庙庙门前面。戏台的前台正对着庙门，大门是朝向北方的。城隍庙是古时候人们烧香拜神的地方，里面供奉着保佑居庸关关城平安的都城隍徐达。徐达是朱元璋的大将军，

戏台木结构

是他的浴血奋战的得力助手，更是他的开
国大臣，当年朱元璋就是派遣徐达来完成
明长城的修建任务的。每年举行盛大祭祀
的时候，人们就会在庙前的戏台上摆上香
案，演出好听的戏曲以便能够取悦神仙，
祈求来年的平安康健、风调雨顺，古时百
姓大都希望通过这样的活动求得城隍对关
城的保佑。据说戏台两边书写的一副对联
更是画龙点睛、脍炙人口，可惜已经追随
着历史足迹，消失在时代的记忆之中了。

7. 白凤冢

云台西南的山上有一座"白凤冢"，
也被叫做李凤姐坟，俗称白墓，也算是一

**居庸关上有一
座"白凤冢"**

景。相传明正德十二年（1517 年），武
宗皇帝朱厚照微服出行，很多次都是从
居庸关经过然后到宣府、大同一带游山
玩水。据说一次武宗皇帝在大同府饮酒
时，遇到一位酒家女叫李凤，这李凤出
落得端庄美丽不说，更是才华出众，琴
棋书画样样精通。朱厚照一眼便相中了
她，于是要将她带回北京。谁知，红颜
薄命，路过居庸关时，李凤突发怪病，
没有来得及救治就死了，武宗只得就地
把她埋葬在西山上。后来人们发现在坟
头上长出很多的白草，因此称其为白凤

冢，京剧《游龙戏凤》就是专门讲述这件事情的。

8. 云台石刻

到居庸关去旅游，不能不看闻名遐迩又极具艺术价值的云台石刻。居庸关的中心，有一个过街塔"基座"，被人们叫做"云台"，主要是因为它的整个形状远远看上去有如那高高的云端一般的意境。云台是在元朝至正二年皇上命令右丞相阿鲁图、左丞相别儿怯不花建造的，直到至正六年（1345年）才正式完工。它是用白色大理石建筑而成的，整个台高9.5米，上顶东西宽25.21米，南北长12.9米；下基座东西宽26.84米，南北长15.57米，上小下大，整个平面呈矩形。台顶四周的石栏杆、望柱、栏板、滴水龙头等建筑，都保持着元代的建筑艺术风格。台基中央有一个门洞，过往的行人以及车马都可以从门道内通行。那么云台的主要功用到底是什么呢？据《顺天府志》记载：一次，元顺帝路过居庸关时看到这里的山川呈拱抱状，想到祖先打江山的辛劳，于是想在两山之麓建一"西域浮屠"，下通人行，意为希望塔下经过的行人受到佛法的保佑。建塔的目的是要使来来往往经过塔下的黎

云台石刻

居庸关的景点

民百姓，都能"皈依佛乘，普受法施"，但可惜的是过街塔大约在元、明交替之际，全部都被毁坏。后来在明朝初年人们在云台的塔基之上，修建了三座白色喇嘛塔。塔内供奉着佛像三尊，中间的那尊是毗卢遮那，左边的是文殊菩萨，右边的是普贤菩萨。正统十三年，皇上钦赐寺额"泰安寺"。清康熙四十一年，该寺院遭遇一场大火几乎全被焚毁，仅存云台。现在台顶上的柱础，就是明代泰安寺殿宇的遗物。

云台的券门为半个八角形，是我国古代砖石拱中很特殊的一种做法。除了建筑结构特殊外，最重要的是券洞内精美的浮雕。券门内两侧右壁及顶部遍刻佛像，佛像造型生动活泼，雕刻技艺高超。梵文、藏文、八思巴蒙文、维吾尔文、汉文、西夏文六种文字的石刻经文、咒语为历史研究提供了难能可贵的资料。据专家考证，石刻造像具有典型的藏传佛教萨迦教派的特征。这些壮观的景致在我国古代石刻中还是首次发现，具有很高的艺术价值和科学研究价值。由此可见，云台可谓是我国现存的一座大型石雕艺术精品。

居庸关关城云台

居庸关

云台石刻

　　云台石刻堪称一绝，主要集中在券门和券洞内，券门上两边对称地雕刻着交叉金刚组成的图案；还刻有象、怪狮、卷叶花和大龙神，正中雕刻着金翅鸟王。进入券洞，内壁的四端刻有四大天王（有东方持国天王、南方增长天王、西方广目天王和北方多闻天王），天王身躯高大，怒目圆睁，并有厉鬼在其左右，是护持佛法，镇守国家四方的尊神。据说明朝正德年间，武宗皇帝朱厚照微服出游，夜间骑马偷偷混出居庸关时，他的坐骑见到四大天王像，竟然吓得不敢往前走。无奈之下武宗只得

云台石刻

下令用烟火把佛像熏黑了，才得以出关。尤为珍贵的是洞内两面石壁的中央镌刻着的六种文字，在我国古代石刻中还是首例。六种文字的排列方法是：上面自左向右横写，共分三层，上层为梵文（即古印度文），中下层为藏文，藏文又分两体（即加嘎尔文、吐波文），下面为直行竖写，自两端向当中排，自左向右排的是八思巴蒙文（是元世祖忽必烈命令他的老师八思巴创立的蒙古新字。它脱胎于藏文，采用拼音的方式书写，并于 1269 年颁诏推行，是元朝官文使用的文字）、维吾尔文；自右向左排的是汉文、西夏文（是纪录我国古代党项族语言的文字，创制于1036—1038年间，当时约有六千多字流行）。券洞两侧的排列方法都是一样的，文字内容也都是一样的，雕刻的都是如来心经陀罗尼、佛顶尊胜陀罗尼经文和咒语，并有造塔功德记和元代的年号。具有很高的学术价值，为研究元代佛教、古代文字和各民族间文化交流史提供了非常珍贵的实物资料。

除了券洞两壁外，在顶部和两斜顶上还刻着许多小佛像。券顶正中刻着五个"曼荼罗"，即五组圆形图案式佛像，佛界称

北京北郊居庸关内镇的云台洞顶壁四大天王雕刻

居庸关的景点

云台石刻

它们为坛场。坛场的设立有保护众佛修炼，防止魔众侵犯的意思。五个曼荼罗的主尊佛像，由北往南依次为释迦牟尼佛（如来佛）、阿弥陀佛（菩萨形）、阿佛（菩萨形）、金刚手菩萨、普明菩萨。其中除释迦牟尼为佛祖之外，其他四菩萨在此显现，则有四方教主的意思。五个曼荼罗连同其他佛像，共一百九十七尊。

券顶两侧的斜面上，刻有十方佛，在每方佛的周围还分别刻有小佛一百零二座，共计小佛一千零二十座，取其千佛之意。这些小佛，是明朝正统年间，

居庸关平台门雕

修建泰安寺时，由镇守永宁（今延庆县境）的太监谷春主持补刻的。连同十方佛下的菩萨、比丘，券顶两侧部共有刻像一千零六十座。这些密密麻麻的佛像，布满了整个券顶。券洞上边还装饰着各种各样的花草图案。这些佛像以及花草图案雕刻细腻柔美，流畅雄劲，精美绝伦，是元代雕刻艺术品中的上乘之作。

而在券门的南北券面上，还雕刻着一组造型独特、别具一格的造像，其中有大鹏、鲸鱼、龙子、童男、兽王、象王等等，佛界称他们为"六拿具"。大鹏寓意着慈悲怜悯，鲸鱼则是保护之相，龙子表

居庸关的景点

户曹行署

示救护之意，童男骑在兽王上自然是寓意福资在天，而象王则有温驯善良的含意。券面最下端的石刻纹饰为交杵，又称羯魔杵、金刚杵。它原本是古印度的一种作战兵器，但在此处则摇身一变成为了断烦恼、伏恶魔、护持佛法的法器。鉴于云台石刻雕像的历史与文物价值，1961 年，经国务院批准，云台石刻雕像被列为第一批全国重点保护文物。

9. 户曹行署

户曹行署是在明代营建的后勤重要衙署，规模宏大，殿堂雄伟。宫门建在白色玉石栏杆之上，走过垂花门后是该衙门主要大厅，后面为寝室，左右为"文移""吏胥"朝房。正德十年重修，院内设有回廊。其中有不少歌颂居庸关的诗碑，专家学者欣赏居庸关花木秀茂，清音流水等景色后可观看碑中的诗词。

此外户曹行署上，建有华丽的半山亭、永丰仓，圆攒尖的仓房夹在其间与天下第一雄关城楼遥相呼应，成为典型的建筑群。居庸山两边都是悬崖峭壁，蜿蜒南北走向，是全国九寨之一。居庸关地理环境得天独厚，历代都受到兵家的器重，有"天下第一雄关"之称，是

户曹行署

阻挡外族入侵的屏障之一。此地易守难攻，于是就设了户曹行署。署在关口的西山半腰之中，与叠翠峰相对。有志记载"重峦层嶂，吞奇吐秀"，为京师八景之一。居庸关景色最美时，来这里游玩的人会有一种超然物外的感觉，忘记了这是块经历了无数次战争的地方。可见其景色之美，让人有不到长城非好汉，登山就上居庸山的冲动。

细观居庸关景点，从军事设施到庙宇祠堂再到其他人文景观，这里面饱含着军事、文化、历史等各个方面的大量信息，可以说考察一座居庸关既可以了解我国千百年来北方的战争史、文化交流史又可以了解北方各个民族的文

居庸关长城

化，可以说居庸关是整个北方中国文明的一个缩影，是中华文明几千年的一个缩影。无论是战争还是文化交流，作为居庸关所承担的历史职责，其实都是一种文化间的交流，这一特性就毫无疑问地说明了中华文明兼容并蓄的特点。交流与融合在中华文明的形成之中起到了至关重要的作用，而千年的居庸关即是历史的见证者。

居庸关

六 居庸关的文化

居庸关城楼

如今居庸关和八达岭长城虽然都已经失去其军事防御价值，但它们作为可贵的历史文化遗产将会永存。现在的八达岭长城是世界著名的古迹和风光游览地，居庸关也成为风景名胜。现在京张（北京至张家口）铁路和公路都经过居庸关，这里仍不失为燕山南北的交通要道。

居庸关拥有得天独厚的地理条件，不仅地势险要，历史悠久，而且风光秀美，风景宜人。从南口进入关沟以后，两侧山峦重叠，溪水长流，春、夏、秋三季植被繁茂，山花野草郁郁葱葱，登高远眺，好似碧波翠浪，早在金代就被列为燕京

八景之一，流传至今。元、明、清三代皇
帝都从此关经过，并且清乾隆皇帝曾亲笔
题写"居庸叠翠"四个大字，并建了御笔
碑，民间还流传关沟七十二景之说，人文
景观、自然景观交相辉映。同时作为政治
要地和军事要塞也是独一无二、无与伦比
的。基于这里深刻的文化内涵和优美的自
然环境，早在 1961 年，位于关内的云台，
就被国务院公布为第一批国家级风景名胜
区；1987 年联合国科教文组织将其列入世
界人类文化遗产。1992 年，十三陵特区办
事处本着"有效保护，科学管理，合理利
用"的方针，并报请有关部门批准，对居
庸关进行大规模修复，历时五年，于 1977

居庸关云台

居庸关城楼上
的古代兵器

居庸关的文化

年年底竣工。修复长城 4142 米，敌楼、铺房、烽燧等建筑二十八处，建筑面积达三余平方米；修复关内外寺庙、粮仓、衙署和书馆等各种建筑三十座，面积近一万平方米。

居庸关历史悠久、风光俊美。各朝帝王、文人墨客、风流才子都写下了大量的诗、词、赋来描写居庸关的俊美与奇险。描绘居庸关的诗词赋，碑刻石刻文字很多都被保存了下来。其中，古诗词有一百七十首左右，近一万三千余字。居庸关现存石碑近二十块，其中十四块较为完好。

居庸关的诗作，大体上可以划分为三方面内容。要么是吟咏关口形势的险

居庸关石刻文字

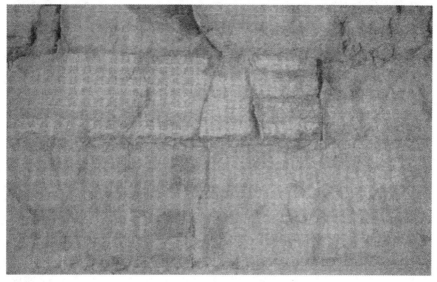

居庸关

居庸关长城

要，要么是描绘关塞雄奇的景观，要么是融情入景、吊古抒怀。

最早以居庸关为题材的诗，是唐代边塞诗人高适的名作《使青夷军入居庸》三首。"崖峦鸟不过，冰雪马堪迟""绝坂水连下，群峰云共高"，对居庸关的险峻地势作了形象的描绘。元代黄缙曾作《居庸关》诗一首，"连山东北趋，中断忽如凿。万古争一门，天险不可薄"，突出了"一夫当关，万夫莫开"的险峻地理形势。元代明善《过居庸》诗中的"峰势陡回愁障日，地形高出欲扪天"，突出了关城地势之高。

到了明朝时期，著名思想家李贽《晚

攀登居庸关

居庸关长城

居庸关

过居庸关》："重门天险设居庸，百二山
河势转雄。"清代乾隆皇帝《居庸关》称：
"居庸天险列峰连，万里金汤固九边。"
这些诗句都从居庸关地势的险要显示出了
居庸关极其重要的战略地位。

居庸关自古以来就是兵家必争之地。
元代著名诗人萨都剌对此喟叹说："关门
铸铁半空倚，古来几多壮士死。草根白骨
弃不收，冷雨凄风哭山鬼。"（《过居庸关》）

清初思想家顾炎武写的《居庸关二首》
之二："极目危峦望八荒，浮云夕日遍山黄。
全收胡地当年大，不断秦城自古长。北狩
千官随土木，西来群盗失金汤。空山向晚

发生在居庸关
的战事数都数
不清

居庸关的文化

居庸叠翠

城先闭，寥落居人畏虎狼。"则对历史上发生在居庸关的许多关系到国家安危的大事作了重要的概括和纪录。

居庸关风景优美，金章宗完颜璟命名的"居庸叠翠"为燕京八景之一。金代诗人蔡珪描绘说："脚侧柴荆短，平头土舍低。山花两三树，笑煞武陵溪。"（《出居庸》）元代诗人陈孚写道："断崖万仞如削铁，鸟飞不度苔石裂。嵯岈枯木无碧柯，六月太阳飘急雪。寒沙茫茫出关道，骆驼夜吼黄云老。征鸿一声起长空，风吹草低山月小。"（《居庸叠翠》）清末，康有为写诗说："城堞逶迤万柳红，西山苕晓霁明虹""永夜

居庸关

居庸关美景如画

居庸关长城

居庸关的文化

驼铃传塞上，极天树影递关东。"（《过昌平城望居庸关》）这些诗从不同角度、不同季节描绘了居庸关美丽的景色。

描写居庸关的诗对居庸关作为中原通往塞北的重要交通要道曾作过很多的描写："车马两山间，上下数百里。紫纤来不断，奕奕如流水"（金·刘迎《晚到八达岭达旦乃上》）、"毡车正联络，怒辙奔春雷""腾凌万马骑，暮绕龙虎台"（元·吴师道《过居庸》）、"宫装腰袅锦障泥，百辆毡车一字齐"（元·王士熙《过居庸》）、"接轸戎车不断踪"（元·云麓《居庸关》）。

古代咏诵居庸关的诗词有一百七十多首，它们从不同侧面反映了居庸关的

券洞内通行车马的驿道

居庸关

居庸叠翠是燕
京八景之一

居庸关城楼雄伟威严

居庸关

居庸关是万里长城
上的一颗明珠

政治、经济、军事及自然风貌，为我们研究居庸关的历史沿革、地理变迁、自然景观提供了宝贵资料。

在任何一个以北京为国都的朝代，居庸关无论在军事方面、交通方面、经贸方面、文化方面都有着不可忽视的作用。而且，这里就是历史的舞台，既有刀兵相见的厮杀，也有和平时期的经贸活动，既是连接关内外经济、文化、生产技术的纽带，同时又是守卫北京的中流砥柱。由元代所遗留下来的国宝——云台，可以显现出我国劳动人民的伟大智慧，由在遗址上恢复的明朝各座庙宇，我们可以了解中国古代

居庸关的文化
119

修复后的居庸关焕发出新的光芒

文化的精华。

居庸关，是万里长城上的一颗明珠，从古至今在军事、文化、经贸等诸多方面的作用，使其在历史上谱写出光辉灿烂的篇章。纵观居庸关上下两千多年的变化，不仅体现了我们华夏古国的历史变迁，凝聚着从古到今劳动群众的智慧，还为我们留下了十分宝贵的军事文化遗产。居庸关修复后，再现了我国古代比较完整的建置设施，使中外游人更加全面深入地了解万里长城的文化内涵。新开通的北京至八达岭高速公路直达居庸关，为中外游客游览居庸关提供了便利的交通条件。居庸关长城永远都是我们中华儿女的骄傲。